LEARNING
ENGLISH

FOR UKRAINIANS

вивчати англійську для Українців

A simple and illustrative Guide to the English
language for beginners

Sofiya Morozova

THE ENGLISH ALPHABET

Великі та малі літери

UPPERCASE LETTERS:

A - B - C - D - E - F - G - H - I - J - K - L - M - N - O - P - Q - R - S - T - U – V - W - X - Y - Z

LOWER CASE LETTERS:

a - b - c - d - e - f - g - h - i - j - k - l - m - n - o - p - q - r - s - t - u - v - w - x - y - z

PHONETIC ALPHABET

Ei – bi – si – di – i – ef – gi – eich – ai – gei – kei – el – em – en – ou – pi – chiu – ar – es – ti – iu – vi – dabliu – ex – uai - zed

APPLE

BUILDING

CAR

DAD

EARRINGS

FISH

GLASS

HOUSE

ISLAND

JEANS

KEY

LAMP

MOUSE

NOSE

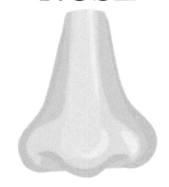

ONION

PEN

QUEEN

RADIO

SCISSORS

TURTLE

UMBRELLA

VEGETABLE

WOOD

XYLOPHONE

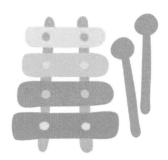

YOGURT

ZOO

THE NUMBERS

Числа

NUMBERS		**Числа**
1 - One	⟷	ОДИН
2 - Two	⟷	ДВА
3 - Three	⟷	ТРИ

4 - Four	←→	Чотири
5 - Five	←→	П'ЯТЬ
6 - Six	←→	шість
7 - Seven	←→	сім
8 - Eight	←→	вісім
9 - Nine	←→	дев'ять
10 - Ten	←→	десять
11 - Eleven	←→	одинадцять
12 - Twelve	←→	дванадцять
13 - Thirteen	←→	тринадцять
14 - Fourteen	←→	чотирнадцять

15 - Fifteen	⟷	п'ятнадцять
16 - Sixteen	⟷	шістнадцять
17 - Seventeen	⟷	сімнадцять
18 - Eighteen	⟷	вісімнадцять
19 - Nineteen	⟷	дев'ятнадцять
20 - Twelve	⟷	двадцять

THE COLORS

Кольори

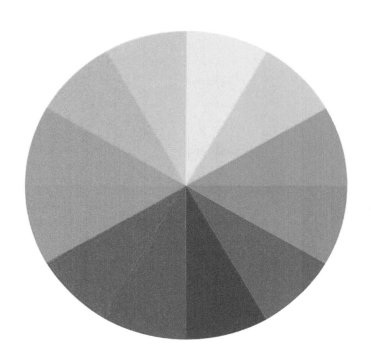

COLORS		**Колір**
White		Білий
Grey		Сірий
Yellow		Жовтий
Orange		Помаранчевий
Red		Червоний

Green	⟷	Зелений
Blue	⟷	Синій
Purple	⟷	Фіолетовий
Brown	⟷	Коричневий
Black	⟷	Чорний
Gold	⟷	Золотистий
Silver	⟷	Сріблястий

DAYS AND MONTHS

Дні та місяці

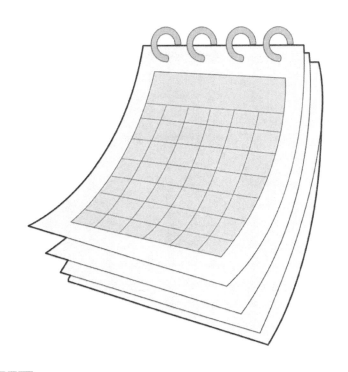

DAYS OF THE WEEK		Дні тижня
Monday	⟷	Понеділок
Tuesday	⟷	Вівторок
Wednesday	⟷	Середа
Thursday	⟷	Четвер
Friday	⟷	П'ятниця

Saturday	⬌	Субота
Sunday	⬌	Неділя

MONTHS OF THE YEAR   **Місяці**

January	⬌	Січень
February	⬌	Лютий
March	⬌	Березень
April	⬌	Квітень
May	⬌	Травень
June	⬌	Червень
July	⬌	Липень
August	⬌	Серпень
September	⬌	Вересень
October	⬌	Жовтень
November	⬌	Листопад
December	⬌	Грудень

TIME AND SEASONS

Час і пори року

SEASONS		**Пори року**
Spring	⟷	Весна
Summer	⟷	Літо
Autumn	⟷	Осінь
Winter	⟷	Зима

WEATHER   # Погода

English		Ukrainian
Cold	⟷	Холодно
Hot	⟷	Жарко
Rain	⟷	Йде дощ
Snow	⟷	Йде сніг
Cloudy	⟷	Хмарно
Wind	⟷	Вітряно
Nice weather	⟷	Гарна погода
Bad weather	⟷	Негода

NATURE AND ANIMALS

Природа та тварини

NATURE		**Природа**
Earth	←→	Земля
Sun	←→	Сонце
Sea	←→	Море
Mountain	←→	Гора

Forest	⟷	Ліс
River	⟷	Річка
Lake	⟷	Озеро
Island	⟷	Острів
Desert	⟷	Пустеля
Waterfall	⟷	Водоспад

ANIMALS — Тварини

Dog	⟷	Собака
Cat	⟷	Кіт
Horse	⟷	Кінь
Cow	⟷	Корова
Pig	⟷	Свиня
Hen	⟷	Курка
Rabbit	⟷	Кролик
Sheep	⟷	Вівця
Mouse	⟷	Миша
Lion	⟷	Лев
Tiger	⟷	Тигр

Bear	⟷	Ведмідь
Wolf	⟷	Вовк
Crocodile	⟷	Крокодил
Snake	⟷	Змія
Giraffe	⟷	Жирафа
Turtle	⟷	Черепаха
Fish	⟷	Риба
Shark	⟷	Акула
Bird	⟷	Птах
Parrot	⟷	Папуга

THE FAMILY

Сім'я

THE FAMILY		**Сім'я**
Mother	⟷	Мати
Father	⟷	Батьк
Brother	⟷	Брат
Sister	⟷	Сестра

Son	⟷	Син
Daughter	⟷	Дочка
Child	⟷	Дитина
Parent	⟷	Батьки
Husband	⟷	Чоловік
Wife	⟷	Дружина
Grandfather	⟷	Дідусь
Grandmother	⟷	Бабуся
Uncle	⟷	Дядько
Aunt	⟷	Тітка
Cousin	⟷	Двоюрідний брат
Grandson	⟷	Племінник
Relative	⟷	Родичка

THE HOUSE

Дім

Room	⬌	Кімната
Living room	⬌	Вітальня
Kitchen	⬌	Кухня

Lounge	⟷	Зал
Bedroom	⟷	Ліжко
Lunchroom	⟷	Їдальня
Bathroom	⟷	Вбиральня
Cellar	⟷	Підвал
Balcony	⟷	Балкон
Garage	⟷	Гараж
Yard	⟷	Двір
Ceiling	⟷	Стеля
Door	⟷	Двері
Window	⟷	Вікно
Flooring	⟷	Підлога
Conditioner	⟷	Кондиціонер
Jack	⟷	Розетка
Switch	⟷	Вимикач

HOME FORNITURE   Меблі

Sofa	⟷	Диван
Wardrobe	⟷	Шафа
Table	⟷	Стіл
Chair	⟷	Стілець
Bed	⟷	Ліжко
Bedding	⟷	Матрац
Television	⟷	Телебачення
Night table	⟷	Тумбочка

THE SCHOOL

Школа

SCHOOL SUBJECTS		Шкільний предмет
Mathematics	⟷	Математика
Literature	⟷	Читання
Sciences	⟷	Наука
History	⟷	Історія

Geography	⟷	Географія
Art	⟷	Мистецтво
Music	⟷	Музика
Physics	⟷	Фізика

SCHOOL SUPPLIES

Шкільні приладдя

Book	⟷	Книга
Notebook	⟷	Записник
Pen	⟷	Ручка
Pencil	⟷	Олівець

Eraser	⟷	Ластик
Ruler	⟷	Лінійка
Glue	⟷	Клей
Scissors	⟷	Ножиці
Penknife	⟷	Точилка для олівців

IN THE CLASSROOM   У класі

Desk	⟷	Стіл
Blackboard	⟷	Дошка
Light	⟷	Світло
School report	⟷	Табель успішності

| Flute | ⟷ | Флейта |
| Instrument | ⟷ | Інструмент |

THE HUMAN BODY

Тіло людини

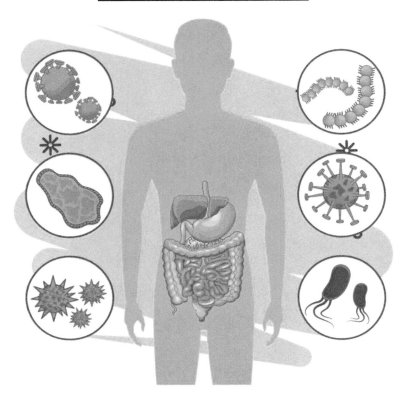

PARTS OF THE BODY		Частини тіла
Head	⟷	Голова
Face	⟷	Лице
Eyes	⟷	Око
Nose	⟷	Ніс
Ears	⟷	Вухо

Mouth	⟷	Рот
Neck	⟷	Шия
Chin	⟷	Підборіддя
Teeth	⟷	Зуби
Tongue	⟷	Язик
Hair	⟷	Волосся
Eyebrows	⟷	Брови
Jowl	⟷	Щока
Arm	⟷	Рука
Hand	⟷	Рука
Leg	⟷	Нога
Feet	⟷	Ступня
Finger	⟷	Палець
Back	⟷	Спина
Wirst	⟷	Зап'ястя
Elbow	⟷	Лікоть
Shoulder	⟷	Плече
Knee	⟷	Коліно
Ankle	⟷	Щиколотка

| Heel | ⟷ | П'ята |
| Nail | ⟷ | Ніготь |

ORGANS   Органи

Heart	⟷	Серце
Lung	⟷	Легені
Liver	⟷	Печінка
Stomach	⟷	Живіт
Kidney	⟷	Нирки

THE FOOD

Їжа

MEALS		Їжа
Breackfast	⟷	Сніданок
Lunch	⟷	Обід
Dinner	⟷	Вечеря
Snack	⟷	Перекуска

FOOD

Їжа

Pizza	⟷	Піца
Bread	⟷	Хліб
Hamburger	⟷	Гамбургер
Steak	⟷	Стейк
French frise	⟷	Картопля фрі
Sandwich	⟷	Бутерброд
Pasta	⟷	пасту
Spaghetti	⟷	Спагетті
Hot dog	⟷	Хот-дог

FISH

Риба

Salmon	⟷	Лосось
Shrimp	⟷	Креветка
Tuna	⟷	Тунець
Crab	⟷	Краб
Cod	⟷	Тріска
Trout	⟷	Форель
Mussel	⟷	Мідія

VEGETABLES

Tomato	⟷	Помідор
Potato	⟷	Картопля
Peas	⟷	Горох
Carrot	⟷	Морква
Onion	⟷	Цибуля
Pepper	⟷	Перець чилі
Artichoke	⟷	Артишок
Broccoli	⟷	Брокколі
Beans	⟷	Квасоля
Zucchini	⟷	Кабачки-цукіні

Asparagus	←→	Спаржа
Mushrooms	←→	Гриби
Salad	←→	Салат-латук
Eggplant	←→	Баклажан

FRUIT   фрукт

Peach	←→	Персик
Apple	←→	Яблуко
Pear	←→	Груша
Banana	←→	Банан
Orange	←→	Апельсин

Lemon	⟷	Лимон
Strawberries	⟷	Полуниці
Grapes	⟷	Виноград
Watermelon	⟷	Кавун
Cherries	⟷	Вишні
Pineapple	⟷	Ананас
Kiwi	⟷	Ківі
Apricot	⟷	Абрикос
Plum	⟷	Слива

DRINKS   **Напої**

Water	⟷	Вода
Coffee	⟷	Кава

Orange juice	⟷	Апельсиновий Сік
Fruit juice	⟷	Сік
Tea	⟷	Чай
Lemonade	⟷	Лимонад
Drink	⟷	Мак

THE SPORT

Спорт

| Football | ←→ | Футбол |
| Volleyball | ←→ | Волейбол |

Baseball	⟷	Бейсбол
Tennis	⟷	Теніс
Rugby	⟷	Регбі
Hockey	⟷	Хокей
Bowling	⟷	Боулінг
Golf	⟷	Гольф

CLOTHING

Одяг

T-shirt	⟷	Футболка
Pants	⟷	Брюки
Skirt	⟷	Спідниця
Shoes	⟷	Взуття

Jacket	⟷	Куртка
Tie	⟷	Краватка
Suit	⟷	Костюм
Jeans	⟷	Джинси
Sweatear	⟷	Светр
Hat	⟷	Кепка
Gloves	⟷	Рукавички
Scarf	⟷	Шарф
Boots	⟷	Чоботи
Sandals	⟷	Сандалі
Overalls	⟷	Комбінезон
Bag	⟷	Гаманець
Belt	⟷	Пояс

UNDERWEAR

Нижня білизна

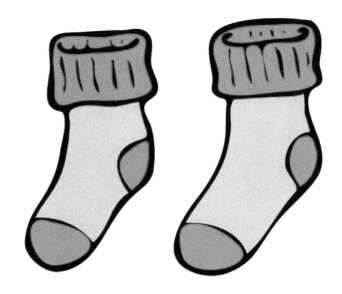

Underwear	⟷	Нижня білизна
Socks	⟷	Шкарпетки
Bra	⟷	Бюстгальтер
Tanktop	⟷	Майка
Socks	⟷	Панчохи
Pajamas	⟷	Піжама
Slippers	⟷	Тапочки

THINGS FOR CHILDREN

Речі для дітей

Pacifier	⟷	Соска
Baby bottle	⟷	Дитяча пляшечка
Baby cot	⟷	Ліжечко
Baby stroller	⟷	Коляска
Bib	⟷	Нагрудник

Nappy	←→	Підгузок
Toys	←→	Іграшки
High chair	←→	Високе крісло
Baby onesie	←→	Дитяче боді

TRANSPORT

Транспорт

Car		Автомобіль
Bus	⟷	Автобус
Airplane	⟷	Літак
Boat	⟷	Човен
Motorcycle	⟷	Мотоцикл
Truck	⟷	Вантажівка
Bicycle	⟷	Велосипед

Train	←——→	Поїзд
Helicopter	←——→	Вертоліт
Taxi	←——→	Таксі
Scooter	←——→	Скутер
Subway	←——→	Метро
Tram	←——→	Трамвай

PEACE

Мир

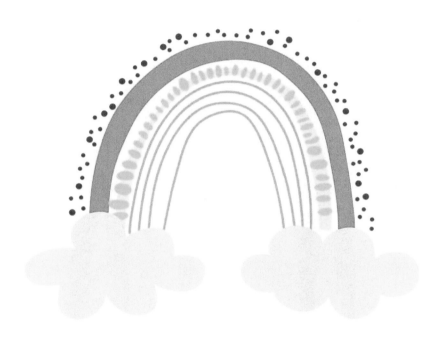

Peace	⟷	Мир
Love	⟷	Кохання
Respect	⟷	Повага
Friendship	⟷	Дружба
Trust	⟷	Довіра
Apologize	⟷	Даруйте

PROFESSIONS

Професії

Employee	⟷	працівник
Accountant	⟷	Бухгалтер
Secretary	⟷	Секретар
Lawyer	⟷	Адвокат
Judge	⟷	Суддя
Police officer	⟷	Поліцейський

Teacher	←→	Вчитель
Nurse	←→	Медсестра
Doctor	←→	Лікар
Veterinarian	←→	Ветеринар
Pharmacist	←→	Фармацевт
Cook	←→	Готувати
Pilot	←→	Пілот
Driver	←→	Водій
Waiter	←→	Офіціант
Waitress	←→	Офіціантка
Store clerk	←→	Продавець
Shop assistant	←→	Продавчиня
Barber	←→	Перукар
Engineer	←→	Інженер
Architect	←→	Архітектор
Artist	←→	Митець
Mechanic	←→	Механік
Electrician	←→	Ветеринар

THE UNIVERSE

Всесвіт

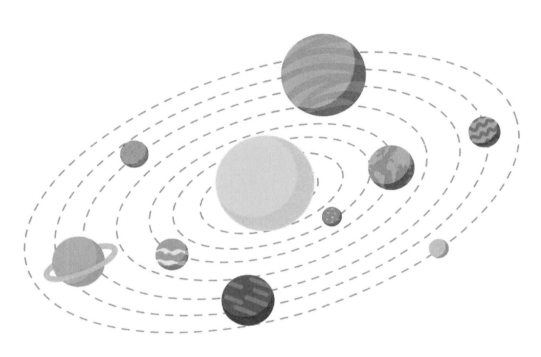

Planet	⟷	Планета
Moon	⟷	Місяць
Star	⟷	Зірка
Galaxy	⟷	Галактика
Space	⟷	Космос
Comet	⟷	Комета
Asteroid	⟷	Комета

REGARDS

Вітання

Good mornin	⟷	Доброго ранку
Good evening	⟷	Добрий вечір
Hello	⟷	Привіт
Good night	⟷	На добраніч
Good afternoon	⟷	Добрий день
Good bye	⟷	До побачення

How are you?	⟷	Як справи?
Fine, thanks	⟷	Добре, дякую
Where are you from?	⟷	Ви звідки?
Where do you live?	⟷	Де ти мешкаєш?
Nice to meet you	⟷	Приємно познайомитися
My name is...	⟷	Мене звуть...
See you later	⟷	До зустрічі
See you tomorrow	⟷	До завтра

THANK YOU AND PLEASE

Слова подяки та ввічливості

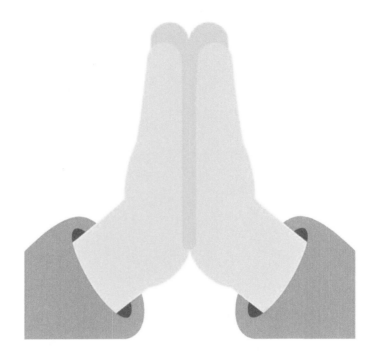

| Thank you | ⟷ | Дякую |
| Please | ⟷ | Будь ласка |

OTHER WORDS   Інші слова

Yes	⟷	Так
No	⟷	Ні
Yes, a bit	⟷	Так, трохи

I don't know	⟷	Я не знаю
What did you say?	⟷	Що ви сказали?
I don't understand	⟷	Не розумію
How do you say?	⟷	Як ви сказали?
Again	⟷	Ще раз
Slowly	⟷	Повільно
I am sorry	⟷	Мені шкода
Don't worry	⟷	Не хвилюйтеся

FEELINGS

Почуття

Good	⟷	Добрий
Bad	⟷	Поганий
Happy	⟷	Щасливий
Sad	⟷	Сумний
Calm	⟷	Спокійний
Angry	⟷	Злий
Surprised	⟷	Здивований
Bored	⟷	Знуджений
Scared	⟷	Наляканий
Alive	⟷	Живий
Dead	⟷	Мертвий

Alone	⟷	Самотній
Together	⟷	Разом з
Easy	⟷	Легкий
Difficult	⟷	Важкий

PARTIES AND ANNIVERSARIES

Свята та ювілеї

| Birthday | ←——→ | День народження |
| Marriage | ←——→ | Весілля |

Anniversary	⟷	Ювілей
Graduation	⟷	Випускний
Vacation	⟷	Свято
Funeral	⟷	Похорон
Gift	⟷	Подарунок
Celebration	⟷	Святкування

TO THE DOCTOR

До лікаря

Flu	⟷	Грип
I have a cold	⟷	У мене застуда
I'm shivering	⟷	У мене озноб
I don't feel well	⟷	Я почуваюсь зле
I'm sick	⟷	Я хворий

English		Ukrainian
I have an headache	←→	У мене болить голова
I have fever	←→	У мене лихоманка
I have diarrhea	←→	У мене діарея
I feel nauseous	←→	Мене нудить
I have an allergy	←→	У мене алергія
Is it serious?	←→	Це серйозно?
My throat hurts	←→	У мене болить горло
I fell	←→	Я впав
I had an accident	←→	Я потрапив в аварію

THE VERBS

ДІЄСЛОВА

VERB TO BE

БУТИ

I am	⬌	Я є
You are	⬌	Ти є
He / She / It is	⬌	Він / Вона / Воно є
We are	⬌	Ми є
You are	⬌	Ми є
They are	⬌	Вони є

Example: **I am** a good boy

Приклад: я хороший хлопчик

VERB TO HAVE

МАТИ (володіти)

I have	↔	Я маю
You have	↔	Ти маєш
He / She / It has	↔	Він / Вона / Воно має
We have	↔	Ми маємо
You have	↔	Ви маєте
They have	↔	Вони мають

Example: **You Have** a dog

Приклад: у вас є собака

VERB TO GO

ХОДИТИ

I go	↔	Я йду
You go	↔	Ти йдеш
He / She / It goes	↔	Він / Вона / Воно йде
We go	↔	Ми йдемо
You go	↔	Ви йдете
They go	↔	Вони йдуть

Example: **He goes** to the sea

Приклад: Він йде на море

VERB TO DO		РОБИТИ
Io do	⟷	Я роблю
You do	⟷	Ти робиш
He / She / It do	⟷	Він / Вона / Воно робить
We do	⟷	Ми робимо
You do	⟷	Ви робите
They do	⟷	Вони роблять

Example: **We do** a test

Приклад: Ми робимо тест

VERB TO CAN		МОГТИ
I can	⟷	Я можу
You can	⟷	Ти можеш
He / She / It can	⟷	Він / Вона / Воно може

We can	◄──────►	Ми можемо
You can	◄──────►	Ви можете
They can	◄──────►	Вони можуть

Example: **They can** eat

Приклад: Вони можуть їсти

VERB TO WANT

ХОТІТИ

I want	◄──────►	Я хочу
You want	◄──────►	Ти хочеш
He / She / It wants	◄──────►	Він / Вона / Воно хоче
We want	◄──────►	Ми хочемо
You want	◄──────►	Ви хочете
They want	◄──────►	Вони хочуть

Example: **I want** a fruit

Приклад: я хочу фрукт

Printed in Great Britain
by Amazon

84065551R00045